丰子恺

影像

陈星 编撰

上海三联书店

最像艺术家的艺术家

一

　　1898 年 11 月 9 日（农历九月廿六日），丰子恺出生于浙江省石门县玉溪镇（今桐乡市石门镇）。丰子恺的祖父丰肇庆（小康），早丧。祖母沈氏。父丰镇，字迎年，号斛泉，又号鹤旋。母钟云芳。丰子恺出生时，丰家已有女 6 人。丰子恺排行第七，为长男。后有一妹二弟，二弟后夭亡。丰氏祖上从浙江金华汤溪迁入，世代均为诗书礼仪之家。

　　丰子恺的父亲丰镇是清朝的末代举人，家有祖传下来的染坊，算得上是出生在书香门第。丰子恺自 6 岁起在父亲座下读书，越三年，即 1906 年，其父病逝。父亲去世后，丰子恺转入于云芝的私塾继续求学。1910 年，私塾改为溪西两等小学堂，后又更名为崇德县立第三高等小学校。

　　丰子恺自幼聪慧，并从很小起就养成了绘画的兴趣。1914 年 2 月，足龄未满 16 岁的丰子恺已在《少年杂志》第 4 卷第 2 期"儿童创作园地"栏目上发表了四篇寓言。时名"丰仁"。"子恺"则是此后他考入浙江省立第一师范学校后才有的号。

1914 年春,丰子恺在崇德县立第三高等小学校以第一名的成绩毕业。同年夏赴省城杭州投考,入浙江省立第一师范学校。是年,该校录取新生 80 余人,分甲、乙两班,丰子恺被分在甲班。丰子恺入学之初,各科成绩屡列第一,然而三年级后,成绩一落千丈,甚至都没有到小学校里去实习。幸好有前两年的好成绩,待丰子恺毕业时,他的平均成绩尚得第 20 名。三年级后成绩下降的主要原因,是他决心跟从李叔同学习艺术科,而疏远了其他的课程。他自己的表白是:"三年级以后,课程渐渐注重教育与教授法。这些是我所不愿学习的。当时正梦想将来或从我所钦佩的博学的国文先生而研究古文,或进理科大学而研究理化,或入教会学校而研究外国文。教育与教授法等,我认为是阻碍我前途的进步的。但我终于受着这学校的支配,我自恨不能生翅而奋飞。"然而,丰子恺自跟从李叔同学习绘画以后,他又体会到了艺术与英、数、理、化的不同滋味。此后,他渐渐疏远其他功课,而埋头于美术,居然成了学校里绘画成绩的佼佼者。由于对艺术课的偏爱,丰子恺在学校里不仅能弹钢琴、画画、治篆刻,他还被推为学校"桐阴画会"的负责人。从四年级开始,他经常借故请假到西湖写生,几乎没有学过有关教育方面的课程。跟李叔同一样,夏丏尊也是学生们敬佩的一位师长,又开启了丰子恺的文学兴趣。夏丏尊具有多愁善感的性格和务实的作风,这种性格和作风导致了他在对待学生的学习、生活上也有了跟李叔同不同的教育方式。丰子恺介绍夏丏尊的教育教学态度时说:"夏先生与李先生对学生的态度,完全不同。而学生对他们的敬爱,则完全相同。这两位导师,如同父母一样。李先生的是'爸爸的教育',夏先生的是'妈妈的教育'。"

1919 年 3 月,丰子恺曾回故乡石门。3 月 13 日与徐力民结婚。1919

年 7 月,毕业于浙江省立第一师范学校。

二

丰子恺毕业后,与同校学长吴梦非、刘质平一起在上海小西门黄家阙路一弄内租屋创办了上海专科师范学校——中国第一所私立的艺术专科师范学校,任美术教师,授西洋画等课程。上海专科师范学校的创办人都是李叔同的学生。此诚如李叔同出家后在一封信中所说:"任杭州教职六年,兼任南京高师顾问者二年,及门数千,遍及江浙。英才蔚出,足以承绍家业者,指不胜屈,私心大慰……凡油画、美术、图籍,寄赠北京美术学校(尔欲阅者可往探询之),音乐书赠刘子质平,一切杂书零物赠丰子子恺(二人皆在上海专科师范,是校为吾门人辈创立)。"

在创办上海专科师范学校的同时,丰子恺还与吴梦非、刘质平一起在上海东亚体育学校任教,同时还在城东女学等学校兼课。丰子恺不仅自己在该校兼课,也将妻子徐力民送到该校读书。1919 年冬,吴梦非、刘质平和丰子恺三人又与其他同类学校的刘海粟、姜丹书、张拱壁、吕澄、欧阳予倩、周湘等联合成立了中国第一个美育团体"中华美育会",并在 1920 年 4 月 20 日创刊出版了中国第一本美育学术杂志《美育》月刊,丰子恺为广告部主任。

随着上海的美术事业日益发展,绘画机构逐日增多,从东西洋留学归来的画家时有所闻,丰子恺开始觉得自己的观念已经落后,教学也已出现危机,他又在上海的日本书店里购得一些美术杂志,从中可窥知一些最新世界美术发展的消息以及日本画界的盛况。于是,他觉得自己从前所得的西洋画知识实在太陈腐太狭窄,遂于 1921 年早春赴日本游学。

三

  丰子恺准备的出国经费只可在日本度过 10 个月的时间。他说:"这一去称为留学嫌太短,称为旅行嫌太长,成了三不像的东西。"所以他干脆就称其为"游学"。丰子恺在《我的苦学经验》一文中大略地介绍了他在日本 10 个月时间的学习情况:"我在这十个月内,前五个月是上午到洋画研究会中去习画,下午读日本文。后五个月废止了日本文,而每日下午到音乐研究会中去学提琴,晚上又去学英文。然而各科都常常请假,拿请假的时间来参观展览会,听音乐会,访图书馆,看 opera 以及游玩名胜,钻旧书店,跑夜摊(yomise)。因为这时候我已觉悟了各种学问的深广,我只有区区十个月的求学时间,决不济事。不如走马观花,吸呼一些东京艺术界的空气而回国吧。幸而我对于日本文,在国内时已约略懂得一点,会话也早已学得了几声。到东京后,旅舍中唤茶、商店中买物等事,勉强能够对付。我初到东京的时候,随了众同人入东亚预备学校学习日语,嫌其程度太低,教法太慢,读了几个礼拜就辍学。自己异想天开,为了学习日本语的目的,向一个英语学校的初级班报名,每日去听讲两小时。他们是从 A boy,A dog 教起的,所用的英文教本与开明第一英文读本程度相同。对于英文我已完全懂得,我的目的是要听这位日本先生怎样地用日本语来解说我所已懂得的英文,便在这时候偷取日本语会话的诀窍,这异想天开的办法果然成功了。我在那英语学校里听了一个月讲,果然于日语会话及听讲上获得了很多的进步。同时看书的能力也进步起来。本来我只能看《正则洋画讲义》一类的刻板的叙述体文字,现在连《不如归》和《金色夜叉》(日本旧时很著名的两部小说)都会读了。我的对于文学的兴味,是从这时候开始的。"

在文学方面,丰子恺曾受到日本近代文学史上最杰出的作家夏目漱石的影响,而在绘画方面影响丰子恺最深的是竹久梦二。丰子恺来到日本,学习美术是重要目的。一个偶然的机会,他接触到竹久梦二的漫画作品。他钦佩梦二的画风:"竹久梦二的画,其构图是西洋的,其画趣是东洋的。其形体是西洋的,其笔法是东洋的。自来综合东西洋画法,无如梦二先生之调和者。他还有一点更大的特色,是画中诗趣的丰富。""日本竹久梦二的抒情小品使人胸襟为之一畅,仿佛苦热中的一杯冷咖啡。"在竹久梦二的作品中,丰子恺体验到了从未有过的漫画艺术的趣味,他"寥寥数笔的一幅小画,不仅以造型的美感动我的眼,又以诗的意味感动我的心"。同样令丰子恺倾心的还有竹久梦二漫画的简洁表现法、坚劲流利的笔致、变化而又稳妥的构图,以及立意新奇、笔画雅秀的题字。在装饰画方面,丰子恺也受到另一位日本漫画家蕗谷虹儿的影响,此后还一度模仿蕗谷虹儿的画风,他在1927年出版的第二本漫画集《子恺画集》里就收入了多幅这类画稿。

跟许多中国人一样,他们在国内时看不到自己国家的长处,而一到国外,反而看得更加清楚了。丰子恺在日本虚心地学习,但他也在日本美术家的言论中领悟到了当初在国内时不易领悟到的东西。比如他读到了这样的文章:中国绘画是日本绘画的父母,不懂中国绘画而欲研究日本绘画,是无理的要求。另一位日本学者又说:"日本一切文化,皆从中国舶来;其绘画也由中国分支而成长,恰好比支流的小川对于本流的江河。在中国美术中加一种地方色,即成日本美术。"丰子恺越是在日本感受到新鲜的事物,就越感到自己留日的时日短暂。1921年冬,丰子恺回国。

四

　　丰子恺从日本归来后的最初几个月，仍复任上海专科师范学校教职，同时又在吴淞中国公学中学部等学校兼课。在中国公学中学部，他认识了此后与他缘分很深的朱光潜、匡互生等同道；在专科师范，他与同事陈望道亦意气相投，过从甚密。1922年初秋，丰子恺赴浙江上虞白马湖春晖中学任教。起初他是单身前往，次年春，他便把家人也都接了过去。丰子恺在白马湖畔有"小杨柳屋"。"小杨柳屋"与刘叔琴的寓所相邻；而夏丏尊的"平屋"与刘薰宇的居舍相邻，两对房子毗邻而筑，时人戏称为"夏刘"、"丰刘"。这四家人不分彼此，日常生活用品互通有无。

　　在夏丏尊等的召集下，一批实力派作家云集于白马湖，形成了被文学史家称之为白马湖作家群的文学群体。白马湖作家群有着独特而鲜明的"个性"，即在彼此之间的友情中领取乐趣，在相互之间的艺术熏染中领取乐趣；他们有相近的文学风格，更有共同的理想——以"立人"为基本诉求，张扬艺术、提倡美育，在教育上做一些实际的工作。

　　在春晖中学，丰子恺首先是学校里的美术、音乐教师（兼授英文），他在美育理论和美育实践方面都有较多的努力，并为校歌谱曲。也是在白马湖，丰子恺走出了他作为文学家和漫画家的第一步。丰子恺散文创作起步于《春晖》半月刊，其中最有代表性的两篇散文就是《青年与自然》和《山水间的生活》。丰子恺漫画的起步也在春晖中学。据丰子恺自己回忆，他在白马湖作漫画，缘于春晖中学的一次校务会议。在这次会议上，他对"那垂头拱手而伏在议席上的同事的倦怠姿态"印象颇深，回家后就用毛笔把校务会议上的印象画了出来，并贴在门后独自欣赏。此画激起了丰子恺的极大兴味。此后他就经常把平日信口低吟的古诗词句"译"作小画，又把对日常生活中有感的物事一一描绘出来。每次画完之后，他都会"得到和产母产子后所感到的同样的欢喜"。他开始勤奋作画，"于是包皮纸，旧讲义纸，香烟簏的反面，都成了我的 Canvas，有毛笔的地方都成了我的 Studio 了"。丰子恺最早发表的漫画就是在《春晖》半月刊上。1922 年 12 月 16 日《春晖》第 4 期上发表了《经子渊先生的演讲》和《女来宾——宁波女子师范》两幅画，这是目前发现的丰子恺最早发表的漫画。丰子恺的漫画成名作《人散后，一钩新月天如水》最初发表在朱自清与俞平伯合办的《我们的七月》（1924 年）上。作此画时，丰子恺尚在春晖中学任教。

1924 年冬，丰子恺由白马湖迁往上海，参与创办立达学园。他离开白马湖，是因为学校的进步教师与学校领导层发生了在办学思想上的分歧。虽然主张改革的白马湖同仁不少，也深受学生爱戴，但是他们不掌握行政大权，所以，他们越来越感到，只要"寄人篱下"，就不可能实现他们自己的教育理想。

五

1925 年初，丰子恺与匡互生等在上海虹口老靶子路租用民房，办起了立达中学，后因房租太贵又迁至小西门黄家阙路。同年夏，学校在江湾觅得一块荒地新建校舍，校舍建成后即改名叫立达学园。"立达"二字，取义《论语》中"己欲立而立人，己欲达而达人"之句。立达学园成立后不久，还成立了"立达学会"。在匡互生的授意之下，朱光潜执笔撰写了一份"立达宣言"，公开提出教育独立的主张，而之所以称"学园"，是表示"学园"不同于一般的学校。它既能令人联想到古希腊"柏拉图学园"的自由讨论风气,又包含把青年当成幼苗来培育的更为切实的积极意义。

丰子恺为创办立达学园出力甚多。他卖去了白马湖畔的"小杨柳屋",所得 700 余元,别的同道又凑合了数百元钱,共 1000 余元就在虹口老靶子路的租屋上挂起了校牌。办学的条件虽艰苦,但立达同人的办学热情却并不因此而减少,他们是为了实现自己的教育理想:"修养健全人格,实行互助生活,以改造社会,促进文化。"立达学会于 1926 年 9 月创刊了《一般》月刊。丰子恺成了这份刊物的主要撰稿人之一。丰子恺在立达学园时期编写、编译或翻译了许多艺术读物。美术方面的有《西洋美术史》《现代艺术十二讲》等;音乐方面的有《音乐的常识》《孩子们的音乐》《中等教科适用歌曲集》《近代二大乐圣的生涯与艺术》《音乐与生活》等。同时他也写了众多艺术理论文章,如《中国画的特色——画中有诗》《美术的照相——给自己会照相的朋友们》《西洋画的看法》《乡愁与艺术——对一个南洋华侨学生的谈话》《一般人的音乐——序黄涵秋〈口琴吹奏法〉》等。1925 年 12 月,丰子恺出版了第一部漫画集《子恺漫画》(文学周报社)。丰子恺正式从事散文创作始于 1922 年。到了立达时期,他的散文艺术趋于成熟,风格特征也开始显现。他的第一部散文集《缘缘堂随笔》出版于 1931 年。此后又相继出版了《子恺小品集》《随笔二十篇》《车厢社会》《子恺随笔集》和《缘缘堂再笔》等。

就在 1925 年 12 月丰子恺出版第一部漫画集《子恺漫画》的同一个月,上海亚东图书馆出版丰子恺最早的一部音乐理论著作《音乐的常识》。虽系编撰,亦具有音乐启蒙意义。自从《音乐的常识》出版后,丰子恺在这一时期又先后出版了《音乐入门》《近世十大音乐家》《音乐初步》《世界大音乐家与名曲》和《西洋音乐楔子》等音乐理论及普及读物。他用浅显而又生动的语言加以阐述，使音乐知识在现代中国大众中普及推广，起到了积极的作用，在相当长的一段时期内，曾受到读者的普遍欢迎。尤其是其中的《音乐入门》，从1926年初版后重印了30余次，直到今天，中国的出版界仍在出版此书。

1927年的秋天，弘一大师在上海的丰子恺家小住一个月。他俩晨夕一堂，弘一大师的言行、思想与品格以至信仰便又一次影响了他。终于，丰子恺发愿拜弘一大师为师皈依佛教。皈依的地点就在江湾缘缘堂的钢琴边上，时间是1927年农历九月廿六日丰子恺29周岁的这一天。弘一大师为丰子恺取的法名是"婴行"。丰子恺皈依后，与弘一大师合作编有《护生画集》。

由于时局和经济两方面的原因，立达同人曾满怀信心的立达学园日趋衰落。1933年4月22日，匡互生逝世。匡互生逝世后，学园同人于该年5月推选原教务主任陶载良为校务委员会主任继续维持学园的运作。立达学园创办人之一的丰子恺自该年春起即长居故乡的缘缘堂，实际上已不多过问学园的事务。

1926年8月，开明书店成立。1928年，由夏丏尊、刘叔琴、杜梅生、丰子恺、胡仲持、吴仲盐等八人发起，将开明招募股本改组为股份有限公司。丰子恺除投股外，妻子徐力民也拿出私房积蓄，凑成一股以支持书店。丰子恺被选为公司的董事，后又任监事。1930年，开明书店创办了一份以中学生为对象的《中学生》杂志，丰子恺是编辑之一。继《中学生》后，开明书店又于1936年1月1日创刊了一份以初中学生和高小学生为读者对象的重要的刊物《新少年》（半月刊），由夏丏尊任社长，丰子恺、叶圣陶等为编辑，主编为顾均正。在这个时期，丰子恺有大量的装饰漫画，即主要是为了书籍装帧、插图之需而作的漫画。丰子恺的装饰漫画主要分两类，一是书籍的封面、扉页画，二是书籍的插图及补白。此类画在丰子恺的漫画中占有特殊的地位。

在翻译方面，除了《苦闷的象征》外，他还翻译了田边尚雄的《孩子们的音乐》、黑田鹏信的《艺术概论》、上田敏的《现代艺术十二讲》、田边尚雄的《生活与音乐》、门马直卫的《音乐的听法》、森口多里的《美术概论》等，而他的许多艺术读物，为参照外文本而编写。

六

1930 年正月初五，丰子恺的母亲病逝。丰子恺为了永远纪念母亲，服丧后即开始蓄须。是年秋，丰子恺患伤寒症，辞去教职，卧病嘉兴，居杨柳湾金明寺弄 4 号。

1926 年，弘一大师曾指点丰子恺用抓阄的方法确定了他在上海的寓所为"缘缘堂"。这所谓的"缘缘堂"在当时不过是一个象征性的名称而已。丰子恺说这是"缘缘堂""灵"的存在，这个"灵"足足跟随他达六七年之久。一直到 1933 年春（一说为 1932 年秋），丰子恺终于给这个"灵"赋了形，他在他的家乡石门湾的梅纱弄里，也就是丰家老屋的后面，建造高楼三楹，"缘缘堂"终于堕地。赋了形的"缘缘堂"是由丰子恺亲自绘图设计的一所中国式构造、近世风形式的宅院，完美地达到了丰子恺所追求的高大、宽敞、明亮，具有朴素深沉之美的要求。

丰子恺在缘缘堂生活期间，可以说是他创作的丰收期。他利用堂内一二万册各类藏书，在这安谧宁静的气氛中勤奋著述，其间出版的漫画集、随笔集、文艺论著就有，画集：《云霓》《人间相》《都会之音》；随笔集：

《子恺小品集》《随笔二十篇》《车厢社会》《子恺随笔集》《丰子恺创作选》《缘缘堂再笔》以及《少年美术故事》；音乐著作：《世界大音乐家与名曲》《洋琴弹奏法》《怀娥铃演奏法》《西洋音乐楔子》《开明音乐讲义》；艺术论著：《西洋名画巡礼》《绘画与文学》《近代艺术纲要》《艺术趣味》《开明图画讲义》《艺术丛话》《绘画浅说》《西洋建筑讲话》《艺术漫谈》，等等。此外，他在此期间还出版译著《初恋》(屠格涅夫)、《艺术教育》(阿部重孝)、《自杀俱乐部》(史蒂文森)和《音乐概论》(门马直卫)。

每逢春秋时节，丰子恺也赴杭州小住，一来是变换一下环境，好去领略西湖的美景，二来也是为了几个孩子在杭州求学。1934 年，丰子恺就在杭州觅得寓所，先住皇亲巷，后又迁至马市街，最后又居田家园。

1937 年卢沟桥事变后，日军大举侵略中国。8 月 13 日，日军进攻上海，不久，杭州也遭空袭。石门湾位于京杭运河的大转弯处，历来是军事上的要冲。丰子恺知道时局紧张，便取消了杭州的租屋，把其中书籍器具装船运回缘缘堂。11 月 6 日上午，丰子恺开始画《漫画日本侵华史》，这是根据蒋坚忍著《日本帝国主义侵略中国史》而作的漫画集。按照丰子恺的设想，此画集将和《护生画集》一样，以一文一图形式成册，希望能让文盲也看得懂。也像《护生画集》一样贱卖，能使小学生都有购买力。是日中午，石门湾的上空出现了日军飞机。日军终于在和平的石门湾扔下了罪恶的炸弹。这天傍晚，丰子恺暂时转移到三四里之外的南深浜。此后，丰子恺曾与大女儿陈宝、店员章桂等回缘缘堂取书物。这成了他与缘缘堂的最后一面。11 月 21 日，丰子恺雇船离开南深浜。同行者有：岳母、妻力民、姐丰满、子女陈宝、林先、宁馨、华瞻、元草、一吟，连丰氏共 10 人。表弟周丙潮夫妇及婴儿等三人、店员章桂亦随行。

七

1937 年 11 月 21 日,丰子恺率全家告别故乡,踏上了逃难之路。次年 1 月,缘缘堂终被毁于战火。

丰子恺走上了万里跋涉之路。他率领全家经杭州奔桐庐,径直投奔马一浮。由于日军迫近,且丰子恺又有一家老小,他终于只在桐庐住了一个月左右,于同年 12 月 21 日雇船溯江而上,重新踏上了逃难之路。丰子恺离开桐庐去了浙江兰溪、江西上饶等地,接着抵达萍乡。在萍乡,他遇上当年在上海时的学生萧而化,并在那里的乡下暇鸭塘暂住,度过 1938 年的春节。此时,长沙开明书店陆联棠来函邀请,丰子恺便又告别了萍乡于 3 月 12 日抵湘潭,13 日抵长沙,安顿家小后,他又偕两个女儿赴汉口。汉口是当时的文化人云集之地,也是抗日的宣传中心,3 月 27 日,中华全国文艺界抗敌协会成立,4 月,该协会出版《抗战文艺》,丰子恺也成了该刊的编委。

丰子恺在汉口逗留了两个月左右。九江失守后,丰子恺不得不再度转移。这时,桂林师范学校的校长唐现之来信邀请他赴该校任教,丰子恺便于 1938 年 6 月到了桂林。

1938 年底,浙江大学的郑晓沧委托马一浮转言,说竺可桢校长欲邀请丰子恺为该校的艺术指导。1939 年 4 月,丰子恺前往广西宜山的浙江大学。丰子恺任教于浙江大学的时间是 1939 年 4 月至 1942 年 11 月。他任的是艺术指导,授艺术教育、艺术欣赏等课程。

1939 年 8 月,日军攻南宁,宜山亦危在旦夕。迫不得已之中,浙江大学决定迁往贵州,但师生需要各自设法逃难。丰子恺于 1940 年元旦到达贵州都匀一个月后,浙江大学又迁至遵义。他初居城内,继居城外罗庄,最后则在南潭巷的熊宅定居下来。丰子恺是爱替住宅取名的。熊宅是一座楼房,窗明几净,环境幽雅。有一天晚上,丰子恺在窗前独酌,但见月明星稀,恰与楼前流水相映成趣。他想起了苏东坡改写的《洞仙歌》中的句子:"时见疏星渡河汉。"于是就给自己的居宅定名为"星汉楼"。1941年秋,他在浙江大学升任副教授。在课余,他完成了重绘旧作的工作,编成《子恺漫画全集》(1945年12月由上海开明书店出版)。在"星汉楼"的日子里,他还出版了《艺术修养基础》《子恺近作漫画集》《子恺近作散文集》《客窗漫画》以及与学生萧而化合编的《抗战歌选》第一、二册。《子恺漫画全集》是丰子恺在抗战时期对旧作的重新绘制。

1942年10月13日,弘一大师在泉州圆寂。丰子恺获知弘一大师圆寂的消息是在大师西逝后第五天。那是1942年10月18日的早晨。1942年秋,国立艺术专科学校校长陈之佛邀请丰子恺到重庆该校任职。10月18日早晨,丰子恺正在遵义的住宅"星汉楼"中整理行装。这时,邮差突然送来泉州开元寺性常法师发来的电报,报告弘一大师圆寂的消息。丰子恺接到电报后,心里自是一阵悲恸。他下意识地走到窗前,望着长空沉默了几十分钟。然后,他发了一个愿,即决定替弘一大师画像一百幅,分寄各省信仰大师的人。11月中旬,丰子恺全家迁居重庆,连应酬加疾病,他在次年1月方才动笔绘像。他先一口气连画10张,分别寄给福建、河南诸信士。另外90幅,准备一面接洽索画人,一边为之绘作。

弘一大师圆寂以后,夏丏尊的身体亦日复一日地衰弱。尤其是1943年底夏丏尊被日本宪兵司令部捕去后,肺病复发,健康状况更为恶化。1945年,夏丏尊又患肋膜炎。1946年4月23日,夏丏尊逝世。

1942年11月,丰子恺告别浙大抵重庆沙坪坝,并于下旬在重庆夫子池举办了他的个人画展,展出逃难以来所作彩色人物风景画。后就任国立艺术专科学校教务主任。1943 年秋辞职。1945 年 8 月 15 日日本投降。

八

1946 年 7 月 3 日,丰子恺踏上了还乡之路。他取道绵阳、广元、汉中、宝鸡、开封等地先抵达武汉。路途虽艰辛,但也能遇上得知他大名的百姓的协助。他在武汉,为了解决盘川,举办过画展,然后乘江轮至南京,并于 9 月 15 日由南京乘火车到达上海。

在上海,丰子恺在学生鲍慧和家住了几天,即赴故乡石门湾凭吊他当年的缘缘堂。当年的缘缘堂已不知去向,只有一排墙脚石,表示这即是缘缘堂的所在之处。1947 年 3 月 11 日,丰子恺入住位于杭州招贤寺边上的一所平屋,即当时的静江路(今北山路)85 号。

1946 年 12 月,钱君匋在万叶书店为他出版了第一册彩色漫画集《子恺漫画选》;1947 年,他先后出版了《又生画集》《劫余漫画》《幼幼画集》《音乐十课》;1948 年初又出版了《丰子恺画存》。他也写了许多记述逃难生活的散文和一些儿童故事。

在杭州,丰子恺与许钦文、易昭雪、郑晓沧、郑振铎、马一浮、舒国华等多有交往,也曾赴沪拜访内山完造、梅兰芳等文化名人。

丰子恺在杭州应邀参加了两次画展。第一次是浙江美术会举办的,第二次是民众教育馆组织的。主办者当然知道丰子恺是能为画展增光的人物,于是派人前来借画,丰子恺各为画展提供了两幅漫画。两次画展均有一幅画被偷。事后,丰子恺说:"我现在好奇心发,颇想知道:这人是谁,为什么肯为了我这张画,而不惜辛苦,不怕冒险,动手去偷?我仔细地想,他一定不是为利。若为利,偷画去卖,一定不偷我的画,而另偷别的名家的墨宝。因为我已定润格卖画,而润格不高,即使卖脱,所得也很有限,犯不着辛苦冒险的。结果不为利,那么难道真是偏好我这种'尝试成功自古无'的画,而无力出润笔,就不惜辛苦冒险。"于是丰子恺认为此人一定是"知己",就写了一篇文章,表示愿意替他偷得的画题上一款:"某某仁兄大人雅正",以酬劳他的辛苦和冒险。他诚招窃画人,说:"这不是谎话,我以人格担保。如果这人拿了画来访,我立刻题款奉赠,决不扭送警察,也决不对外界任何人宣布'偷画的原来是某人'。"丰子恺为此人想得格外周到:"你持画来访时,倘座上有外客,使你不便的话,你只说:'这画请加题上款某某',不必说别的话,我就心照不宣了。至于我的地址,你大概是知道的。"

1948 年秋天,当开明书店老板章锡琛邀请他同游台湾时,他欣然地带着幼女一吟与章锡琛一家同登旅程。丰子恺到了台北后,下榻于中山北路开明书店隔壁弄内的一个文化招待所。他在台北,见到了学生萧而化。10 月的一天,他在中山堂举办画展,又见到了与他十分有缘的女作家谢冰莹。10 月 13 日晚 8 时至 8 时 15 分,丰子恺在台北广播电台作了 15 分钟以"中国艺术"为题的广播演讲。丰子恺这次在台湾,曾为《台湾人报》题报头。

1948 年 11 月 23 日,丰子恺偕幼女由台湾抵厦门。他要做的第一件事就是去南普陀寺凭吊弘一大师的故居。丰子恺在南普陀寺,意外地与广洽法师相遇。广洽法师在抗战爆发后去了新加坡,在这之前,他长期亲近弘一大师。1948 年 11 月 28 日,丰子恺在厦门佛学会作了一次题为《我与弘一法师》的演讲。演讲中他提出了所谓的"三层楼喻"。

1949 年 1 月,他的家属们也先后抵达厦门,他们就在古城西路 43 号租屋住下。也就是在这时,丰子恺赴泉州谒弘一大师圆寂之地。他在泉州期间,受到当地佛教界的热烈欢迎。有一位居士拿出一封信给丰子恺看。此信正是当年他寄给弘一大师的,信上,"世寿所许,定当遵嘱"八个字顿时跳至眼前。于是他发愿立即绘作《护生画三集》70 幅。丰子恺在厦门绘护生画,闭门谢客三个月。丰子恺完成了《护生画三集》后,根据章锡琛的提议,他给住在香港的叶恭绰先生写信,请求为画集题字,并很快得到允诺。于是,丰子恺于 4 月初亲自携画赴香港拜会叶恭绰。

丰子恺赴港,除了请叶恭绰书写《护生画三集》中的诗文外,再一个就是要在香港举办画展。画展在 4 月 15、16 日两天在花园道圣约翰礼拜堂举行,由于参观者众多,又于 19、20 日在中环思豪大酒店续展。画展结束后,丰子恺被请到培正中学发表演讲,校方还特约将画展移到该校图书馆再展出两天。4 月 23 日,他乘飞机返回上海。

九

中华人民共和国成立后,丰子恺决定在上海定居。初至上海,暂住在闸北西宝兴路汉兴里的学生张逸心家,不久在同一弄内觅得一屋。7 月 4 日,他应万叶书店主人钱君匋之请迁往南昌路 43 弄(邻园村)76 号。1950 年 1 月 23 日,他又迁入福州路 631 弄 7 号开明书店章锡琛先生旧宅。他在此一住就是四年半,一直到 1954 年 9 月 1 日,丰家迁居陕西南路长乐村的一幢西班牙式寓所,直至终老。

这幢西班牙式寓所很有特点:二楼有一个室内小阳台,阳台中部有一个梯形的突口,东南、正南、西南都有窗,上方还有天窗。丰子恺就选择了这个室内阳台作为自己的书房。他坐在室内，可以从天窗上看到日月运转。根据这个特点，丰子恺又给自己的新居取名为"日月楼"。名字取定后，他又顺口诵出一句下联："日月楼中日月长。"下联征上联，为此浙江大学教授郑晓沧先生拟了一句"琴诗影里琴诗转"，而马一浮先生则拟了"星河界里星河转"，并书写后送给丰子恺。这即是一直挂在日月楼中，陪伴着丰子恺晚年一切写作活动的名联：

星河界里星河转
日月楼中日月长

  丰子恺回到上海的最初几年，他一直为在杭州建弘一大师纪念塔而努力。按照丰子恺的本意，他原想在杭州建弘一大师纪念馆。为此，他也曾跟杭州的有关部门联系，后终因种种原因而改变计划。关于建纪念塔，这原本也是早就应该做的事，但因弘一大师生前曾嘱咐不得为身后事募化，所以佛教界内部亦不便违逆弘一大师之遗愿而自行募款建塔立碑。基于这种情况，丰子恺下决心独力立碑。消息传开后，钱君匋、章锡琛、叶圣陶、黄鸣祥、蔡吉堂等纷纷支持，终于合力于1953年9月在杭州虎跑后山为弘一大师筑舍利塔一座。塔身"弘一大师之塔"六个篆字由马一浮题写。1954年1月10日，丰子恺、马一浮、钱君匋等数十人冒雨参加了落成典礼。纪念塔建好后，丰子恺曾请上海的画家画了一大幅弘一大师遗像，又请了几位画家合作了两巨幅山水风光，他自己则写了一副对联挂在石塔下面的桂花厅里，借此装点湖山美景。
  1949年后，由于主客观诸方面的原因，丰子恺决定以主要的精力从事苏联文化或俄罗斯文学方面的翻译工作。要做这项工作，就必须精通俄文,但他除了在日本学过一丁点俄文外,几乎没有俄文的经历。然而对于学外语,丰子恺似乎有很高的天赋,53 岁的他,居然毫不犹豫地攻读起来。1952 年底,丰子恺译完 31 万字的《猎人笔记》,耗时五个月零五天,并于 1953 年由文化生活出版社出版,后又由人民文学出版社列为"外国古典文学名著丛书"于 1955 年重新出版。从 1952 年到 1956 年,他已从俄文翻译出版了十多册音乐美术参考书(部分与人合译),此外也从英、日文翻译了一些书籍。

大约从 1961 年 8 月开始,丰子恺投入了日本古典文学巨著《源氏物语》的翻译工作。以往,他虽翻译过不少日文书籍,但这次译《源氏物语》却是最为投入,并深感欣慰。丰子恺早在日本游学的时候,就曾在东京的图书馆里看到过《源氏物语》的原著,因为那是日本古文本,读起来不容易理解。后来,他有过一本谢野晶子的现代语译本,读了之后,感觉上很像中国的《红楼梦》,于是爱不释手。为了《源氏物语》,他后来下苦功夫学过日本古文,曾把《源氏物语》的第一回《桐壶》读得烂熟。当然,尽管丰子恺喜爱《源氏物语》,但在当时,他并没有决心翻译它,也没有这个机会。《源氏物语》是世界上第一部长篇小说。自英国的威利(Arthur Waley)于 20世纪 20 年代初选译了这部巨著后,美、德、法诸国先后有了全译本问世。而在日本,用现代语译出的,也有谢野晶子、洼田空穗、谷崎润一郎、丹地文子等人。由于这部巨著卷帙浩繁(近一百万字)、人物众多(出场人物达440 多人)、情节复杂,加上日本古语艰深以及时代、环境等客观原因,长期以来在中国几乎无人敢于问津译事。50 年代末 60 年代初,人民文学出版社拟翻译出版一批日本古典名著,其中对较深奥的经典著作,出版社还专门约请了学识渊博、日文功底深厚的专家学者担任译者。《源氏物语》先由钱稻孙先生译成前五帖,后因故没有译下去。出版社遂又决定由丰子恺承担译事。丰子恺对承担这项艰难的工作似乎感到十分荣幸。他写了一篇随笔《我译〈源氏物语〉》,自豪地说:"只有中日两国的文学,早就在世界上大放光辉,一直照耀到几千年后的今日。"又说:"直到解放后的今日,方才从事翻译;而这翻译工作正好落在我肩膀上。这在我是一种莫大的光荣!"

根据丰子恺自己预计,这项工作可用三年左右的时间译毕,1965年可以出书。令人惋惜的是,他的译本准备出版的时候,"文化大革命"狂飙突起,于是译稿一搁就是15年之久,直到1980年其上册才得以问世,先后分上、中、下三册由人民文学出版社出版。但此时丰子恺早已作古了。

丰子恺自是一位受到各方尊重敬仰的人物。1949年后,在他的名下挂上了一大串头衔。至1959年末,他已担任了上海市文史馆馆务委员、中国美术家协会常务理事、上海美术家协会副主席、上海市政协委员、上海外文学会理事、全国政协委员、《辞海》艺术分册主编等各种职务。1960年6月,他受聘担任了上海中国画院首任院长,1962年起任上海美术家协会主席、上海市文联副主席。此外,他还是西泠印社社员、上海中国书法篆刻研究会委员。

丰子恺的头衔多了,少不了参加各种会议。其中,他数次赴京参加全国政协会议,成了他难忘的经历。1959年4月,他首次赴京出席第三届第一次全国政协会议,并受到周恩来总理的接见。他每次去北京也都会见到许多新老朋友。他与俞平伯神交数十年,还是这时期在北京有一次见面的机会。他对与新朋老友的会见显然无限怀念。他在一封致常君实先生的信(1959年5月20日)中表示:"回思在京近一个月,宛如一热闹之梦,事迹多不胜收。其中与新朋旧友之会晤,尤为印象深刻。"

1961年的秋天,丰子恺曾随上海政协参观团访问江西。他们先后到了南昌、吉安、井冈山、赣州、瑞金、兴国、抚州、景德镇等地。在南昌的烈士纪念堂参观，使丰子恺很受感动。他在《化作春泥更护花——参观江西革命根据地随笔》一文里说："江西人民用千百万生命来换得了胜利！这些烈士的血化作了革命的动力，激励了全国人民的心，取得了巨大的胜利。我瞻仰烈士纪念堂之后，想起了古人的两句诗：'落红不是无情物，化作春泥更护花。'这两句诗看似风雅优美，其实沉痛悲壮；看似消沉的，其实是积极的。这就是'化悲愤为力量'！我把这两句诗吟了几遍，胸中的郁勃才消解了些。"所以，这些年里的丰子恺对今昔生活常作对比，从而对自己的未来也充满信心。

从 1954 年搬入日月楼至 1966 年，丰子恺过了 12 年的安定生活。在这些年中，他几乎每年春秋都会出游，其中去得最多的当然还是他的第二故乡杭州。他每次出游归来，都有一些散文、漫画新作问世。这便是他在这些年间游记作品特别多的一个原因。

在这些年中，他也没有忘记纪念弘一大师。1957 年，他编了《李叔同歌曲集》，交北京音乐出版社于次年 1 月出版。1957 年是弘一大师逝世 15 周年，新加坡广洽法师辑集有关弘一大师在家时热心文教工作之论著在新加坡出版《弘一大师纪念册》，丰子恺为之作序。1956 年至 1957 年间，他又连续写下了《中国话剧首创者李叔同先生》《先器识而后文艺》《李叔同先生的爱国精神》《李叔同先生的教育精神》等缅怀先师的文章。1962 年，由广洽法师捐款，丰子恺编《弘一大师遗墨》在上海印行，作非卖品刊行。1964 年，丰子恺又整理当年夏丏尊编《李息翁临古法书》作为《弘一大师遗墨》的续集由广洽法师在新加坡募印发行。

丰子恺在这些年间也没有忘记续作护生画的第四、第五集。《护生画四集》(80 幅)于 1961 年初在新加坡出版。《护生画四集》出版后不久，广洽法师以及丰子恺的其他友人均建议提前绘作第五集护生画。丰子恺本人也有此意。他说:"第五集,照理须在弘一大师九十冥寿时出版。但人世无常,弟倘辜负此愿离去婆娑,则成一大憾事。因此,催弟提早画第五、六(圆满功德)者,不乏其人。弟私心亦极想如此。"第五集护生画后终于在1965年8月下旬全部完成。9月即由广洽法师在新加坡出版。

1965年,广洽法师回国观光,丰子恺陪同他游览了苏州、杭州等地。而在杭州时,丰子恺特意安排了他与马一浮的会面。

十

作为上海文化界的著名人物,丰子恺免不了要对一些文艺话题发表自己的意见。丰子恺在谈这些意见时,显然与他直抒胸臆的秉性很相符。

他写过一篇《谈"百家争鸣"》,用美术上的譬喻来发表关于"百花齐放,百家争鸣"的意见。他认为"百花齐放,百家争鸣"就同美术上的"补色调和"一样:"在文艺上,在学术上,尽管意见分歧,尽管花样繁多,然而因为异途同归,所以相得益彰。'争鸣',表面上看似对抗的,相反的,而实际上是互相补足的,互相调和的,就同红补足绿,蓝补足橙一样。"他又认为"百花齐放,百家争鸣"同构图法中的"多样统一"一样:"在文艺上,在学术上,尽管各持一说,各成一家,然而具有共通的动机,符合共通的目标。"同年,他画过《城中好高髻,四方高一尺;城中好广眉,四方且半额;城中好大袖,四方全匹帛》,发表于1956年11月25日的《新闻日报》上。特定的历史背景似乎让丰子恺也想用漫画的形式来说几句话了。画面上是三个奇形怪状的女子,或是高髻,或是广眉,或是大袖。画题下又题曰:"《后汉书·长安城中谣》。注云:改政移风,必有其本。上之所好,下必甚焉"。这幅画的讽刺意味是很明显的,丰子恺在题字中也已点明,即"上之所好,下必甚焉。"这里的"好"自然是画家不以为然的了,而"下必甚焉"的"甚"同样也是画家深恶痛绝的。"天真"的丰子恺很是为此画得意过一阵,甚至还专为此画写了一篇《元旦小感》以解释之。他在文中明确表明了他自己的期望:"近来有些号召提出之后,我似乎看见社会上有许多同这三个女人一样奇形怪状、变本加厉的情况,因此画这幅画。"又说:"我但愿1957年以后不再有这种奇形怪状、变本加厉的情况出现。"1957年后,国内出现的情况自然不能如画家所愿。所幸丰子恺未被戴上右派的帽子。1961年9月2日,《光明日报》发表了该报记者章正续、施怀曾撰写的《小中见大,个中见全——丰子恺谈漫画》一文,对丰氏的漫画给予肯定。1962年,中央新闻记录电影制片厂为丰子恺拍摄了一部纪录短片《画家丰子恺》。

1966年5月,"文革"开始。还是在这一年的3月里,丰子恺还游览了杭州、绍兴、嘉兴等地,不料回来未逾两个月,他就变成了一个被无产阶级专政的对象,而且被列为上海市十大重点批斗对象之一。

在"文革"时期,被揪出去示众,在众目睽睽之下接受批斗,这对"文革"中的丰子恺来讲已成了家常便饭之事。几乎每一个人都在"文革"这场大闹剧中扮演各自不同的角色。这时,佛教思想在丰子恺的生活中起了无法替代的作用,他像一个参禅者冷眼看待千丈红尘中的一切。对于他来讲,坐"牛棚"就是坐禅,批斗就是演戏,过江游斗是"浦江夜游",被审讯是上了一回厕所……丰子恺在乡下劳动接受"改造",为此他也有一段打油诗般的戏言:"地当床,天当被,还有一河浜的洗脸水,取之无禁,用之不竭,是造物者之无尽藏也……"丰子恺总是尽一切可能向家人隐瞒自己在外面受的苦难。家人对他的这番苦心了如指掌,为了不伤害丰子恺的心,家人们总是尽量满足他的一切要求,尤其是每天一斤黄酒,总会设法向他提供。

丰子恺的境遇终于因一场大病而有了"转机"。那是在 1970 年初,他因在乡下劳动受风寒。2 月起患上了中毒性肺炎,不得不住院治疗。肺炎好转后,肺结核又长期与他纠缠。这一场大病,客观上救了他,因为他可以凭病假单在家全休了,此亦可谓因祸而得来的"福"。

1972 年底,丰子恺得到上海画院的通知,说对他的"审查"已经结束,结论是:不戴资产阶级反动学术权威的帽子,酌情发给生活费。

这六七年来,丰子恺不曾离开上海,心里早已觉得气闷,如今这一"解放",他立即于 1973 年 3 月作了杭州之行,算是对湖山的告别。

他开始在不能公开的状态下进行文艺活动,对于他而言,此乃"地下活动",并逐步发展到作画、写文、翻译三管齐下的地步。他写诗,这个时候有了《红楼杂咏》34 首,咏《红楼梦》中的 34 个人物,多少也是他对世相的一种看法;1970 年至 1972 年,他先后译出日本著名古典文学《落洼物语》《竹取物语》《伊势物语》,还于 1971 年译出了汤次了荣解释的《大乘起信论新释》。

1971 年,一项新的创作活动在丰子恺的笔下进行了。这就是创作散文集《缘缘堂续笔》。这个计划早在 50 年代末由他的幼女丰一吟提出。因为丰子恺的散文一向以"缘缘堂随笔"而著称。以往曾有过《缘缘堂随笔》《缘缘堂再笔》,现在再有一个《缘缘堂续笔》就好了。丰子恺以为这个设想很好,但那时他忙于译事,一直没有实现,如今他却真的动手写作。《缘缘堂续笔》一共写了 33 篇。说来也别有意味,丰子恺在写这些散文时,正值社会动荡,诸害猖獗的年代,可他的文章,一篇篇几乎都把自己的感情寄托于遥远的往昔。散文《暂时脱离尘世》是一篇颇能引起人们深思的作品。作品首先引用了日本作家夏目漱石小说《旅宿》中的一段话："苦痛、愤怒、叫嚣、哭泣,是附着在人世间的。我也在三十年间经历过来,此中况味尝得够腻了。腻了还要在戏剧、小说中反复体验同样的刺激,真吃不消。我所喜欢的诗,不是鼓吹世俗人情的东西,是放弃俗念,使心地暂时脱离尘世的诗。"丰子恺表示赞同夏目漱石的话,说他是"一个最像人的人",并且认为人们喜欢陶渊明的《桃花源记》"就为了他能使人暂时脱离尘世"。初读此文,颇能让人觉得丰子恺是在宣扬一种暂时脱离尘世主义了。早在 20 年代,他的作品中曾有一种被人称之为飘然的格调和消极的情绪。像他早期的散文《渐》《大账簿》《秋》等作品里,多少流露出来一种对人世的怅惘、不解、苦闷的哀叹。为此,他自己说他那时是一个悲观主义者。但是,晚年的丰子恺,他此时的超脱尘世的处世哲学正是对"文革"的最大蔑视。丰子恺是一位正直的艺术家,他不屑与恶势力同流合污。他在《暂时脱离尘世》一文里可怜那些随浊流而沉浮的人:"今世有许多人外貌是人,而实际很不像人,倒像一架机器。这架机器里装满着苦痛、愤怒、叫嚣、哭泣等力量,随时可以应用。"做人应该如此吗?"不,做机器应当如此。"作品告诉人们,他,丰子恺是不会做机器的。在严酷的现实面前,正直、率真的丰子恺即使不能公开地写,公开地画,但也决不会迎合那种丑恶的世相,更不会听任恶势力的摆布。

《护生画六集》100 幅,这便是丰子恺于"文革"中在一无资料,二无自由的情况下通过"地下活动"于 1973 年完成的(1979 年 10 月在香港出版。丰氏于 1975 年去世)。这种不为环境的挫折而停顿,不为病魔的侵扰而退馁的精神在"文革"期间是不可思议的。《护生画六集》完成后,在当时的情况下,丰子恺绝对没有机会将书画稿寄给广洽法师,书信中亦不便提及。一直到了"文革"结束,广洽法师再次回国时才将画集携至新加坡,后在香港出版。丰子恺完成了《护生画六集》,标志着他与弘一大师共同制定的护生宏业的功德于此圆满。他把画稿交与朱幼兰保存。

在生命的最后几年里,丰子恺似乎是在有意安排每一件事情:作护生画最后一集、重译《旅宿》、绘《敝帚自珍》、赴杭州、回故乡……

1975 年 8 月上旬,丰子恺的右手手指麻木,热度持续不退,继而右手臂也逐渐不能动弹……经医院检查,诊断出丰子恺患了右叶尖肺癌,且已转移至脑部。丰子恺是在 9 月 2 日被送入华山医院的。1975 年 9 月 15 日中午 12 时零 8 分,丰子恺的心脏停止了跳动。

9 月 19 日,由上海画院发讣告,丰子恺的追悼会由上海画院出面在龙华火葬场大厅举行。画院里的画师们凡是走得动的,几乎都来了。上海市文化局有关方面负责人沈柔坚到会表示悼念,并向丰氏家属徐力民女士作了慰问。中国人民政治协商会议全国委员会、中国人民政治协商会议上海市委员会、上海画院等单位送了花圈。送花圈的还有:陈望道、苏步青、郭绍虞、刘海粟、吴梦非、刘质平、唐云等。追悼会由画院负责人主持,画院"革委会"负责人致悼词,三十多年老朋友蔡介如氏代表生前友好致词,丰氏长女丰陈宝代表家属致答谢词。参加追悼会的有画院画师,有丰氏生前友好、私淑弟子及丰氏家属子女共百余人。追悼仪式结束后,哀乐声中,到会者怀着沉痛的心情,缓步绕过灵床,向丰氏遗体告别。

1978 年 6 月 5 日,上海市文化局党委作出复查结论,撤销原审查结论,为丰子恺先生平反昭雪。1979 年 6 月 28 日,由上海市文化局、文联、画院出面,为丰子恺举行骨灰安放仪式,并将骨灰安放在上海烈士陵园革命干部骨灰室。此后,丰子恺的亲属希望能"叶落归根",此愿望于 2006 年得以实现。2006 年 4 月 22 日上午,丰子恺的骨灰安放到故乡原来的衣冠冢内,与夫人徐力民及二位胞姐妹合葬在一起。墓地现由桐乡市人民政府修缮。

丰子恺（左）在姑母家与姑母合影

故乡石门西竺庵母校旧影

戊午夏二月初六日摄 时年二十一岁 初级师范三年级 子颜自志

在浙江省立第一师范学校读书时留影（摄于1918年3月18日）

丰子恺母校浙江省立第一师范学校旧影

弘一将入山修梵行皆刘子质平
丰子恺摄影戊午四月十五日

李叔同将入山时与学生刘质平（左）丰子恺在杭州合影留念（摄于 1918 年 5 月 24 日）

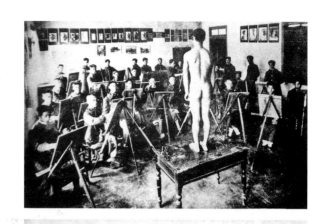

作为李叔同的得意门生，刘质平和丰子恺都成为了中国现代著名艺术家。前者在音乐教育家领域贡献卓著，后者则成为了集美术、音乐、文学、书法等于一身的艺术通才。上图为李叔同（后排右二）于1914年在浙江省立第一师范学校首用人体模特进行美术教学；下图为李叔同作于1913年的中国第一首合唱歌曲《春游》

丰子恺夫妇 1919 年新婚时摄于上海

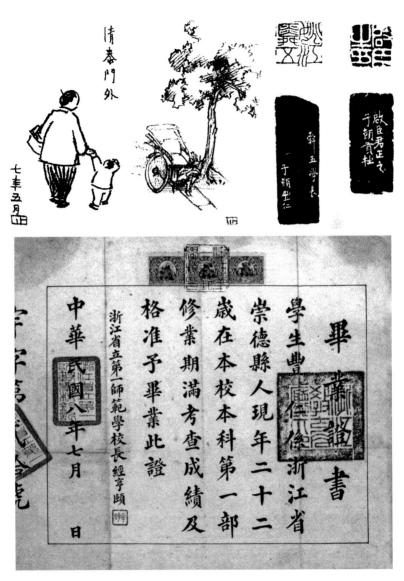

1919年夏,丰子恺毕业于浙江省立第一师范学校。上三图为丰子恺在校读书时的绘画、篆刻作品;下图为丰子恺的毕业证书

在浙江省立第一师范学校毕业时的丰子恺（约摄于 1919 年）

美育 第一期

二

做的一件事，所以會集全國的同志創設一個中華美育會發刊這一種雜誌區區的意思無非想把藝術教育有個大大的發展就是了現在這本雜誌誕生以前恐怕有人懷疑他的內容所以要寫了幾句簡括的宣言

本誌是我國美育界同志公開的言論機關．亦就是鼓吹藝術教育改造枯寂的學校和社會．使各人都能夠得到美的享樂之一種利器．

丰子恺在浙江省立第一师范学校毕业后与吴梦非、刘质平一起在上海创办上海专科师范学校，同时在东亚体育学校等校兼职，又于1920年4月参与创办《美育》杂志，以继承李叔同的艺术教育事业。左上图为《美育》创刊号封面（弘一大师题写），右上图为《美育》创刊号上的《李叔同先生小传》，下图为《美育》创刊号中《本志宣言》之一页

丰子恺（右）在上海侍庭芳姐剪发（摄于 1920 年）

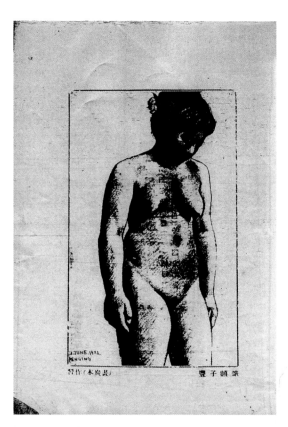

丰子恺发表在 1922 年 4 月《美育》第 7 号上的
素描人体《习作》(作于 1921 年 6 月)

丰子恺从日本游学归来时留影（摄于 1921 年）

　　丰子恺在日本游学时钟情于竹久梦二漫画,归国后不久即在浙江上虞白马湖畔的春晖中学任教,并开始了漫画创作生涯。右上图为竹久梦二;左上图一、二为竹久梦二漫画;左中图一、二为丰子恺首次在《春晖》上发表的漫画;下图为丰子恺筑于白马湖畔的"小杨柳屋"

丰子恺（右）与游学日本时的好友、口琴家黄涵秋合影

旧时浙江上虞春晖中学

浙江上虞春晖中学旧建筑

丰子恺（右）与匡互生在立达学园校门口留影

　　1925 年 2 月 1 日，丰子恺作为主要创办者参与创办的立达中学（1925 年 9 月改校名为立达学园）在上海虹口老靶子路俭德里 10 号租用两幢民房挂起校牌。为创办该校，丰子恺以 700 余元卖掉了在白马湖畔的"小杨柳屋"。1926 年 9 月 5 日，立达学园新校舍在上海江湾落成。此为江湾立达学园校门

立达学园文艺院图案系西洋画系师生合影。左二为丰子恺（摄于 1926 年）

丰子恺绘作的立达学园标识图

丰子恺像（摄于 1927 年）

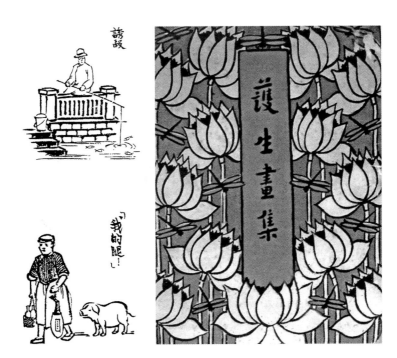

　　1927 年 10 月 21 日（农历九月二十六日），丰子恺在上海江湾立达学园校舍永义里自宅楼下钢琴旁从弘一大师皈依佛教，法名婴行。皈依后，丰子恺开始与弘一大师合作护生画，并于 1929 年出版护生画第一集《护生画集》

丰子恺在缘缘堂廊下看书（摄于 1934 年）

丰子恺亲自为孩子们拍摄的照片

丰子恺在缘缘堂楼下西书房欣赏印章（约摄于 1934 年）

丰子恺部分著译和作品集

丰子恺（右）与妻徐力民（左）及次女林先（中）在缘缘堂合影（约摄于 1934 年）

丰子恺母亲(左二)与孙辈合影

丰子恺在缘缘堂书房(约 1934 年)

丰子恺绘图的《论语》杂志封面一例

丰子恺（后排右二）全家七人在乌镇合影。前排：左为丰一吟，中为丰华瞻，右为丰元草；后排：左一为丰林先，左二为徐力民，右一为丰陈宝（约 1935 年）

丰子恺创作的组画一例

丰子恺(左一)在湖州练市与次女林先(右二)及二姐夫周印池(左二)家人合影(约1935年)

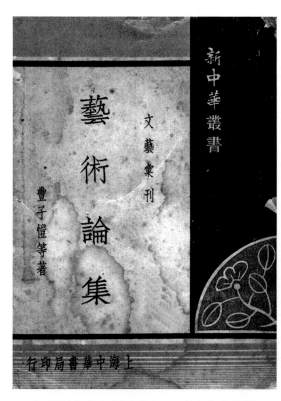

新中華叢書

文藝彙刊

藝術論集

豐子愷等著

上海中華書局印行

丰子恺《艺术论集》书影（1935 年中华书局版）

丰子恺（左）与二姐夫周印池在湖州练市（约 1935 年）

丰子恺《车厢社会》书影（良友图书印刷公司 1935 年版）

丰子恺在杭州留影(约摄于 1935 年)

丰子恺《绘画概说》书影（亚细亚书局 1935 年版）

丰子恺在杭州田家园留影（摄于 1936 年 10 月 10 日）

上图为杭州皇亲巷6号丰子恺故居（今不存）；下图左为丰子恺两个女儿丰陈宝（左）、丰林先在田家园留影；下图右为丰子恺众子女在皇亲巷6号院内假山留影（丰子恺摄）

丰子恺(右)与长女陈宝(中)、长子华瞻合影(约摄于 1936 年)

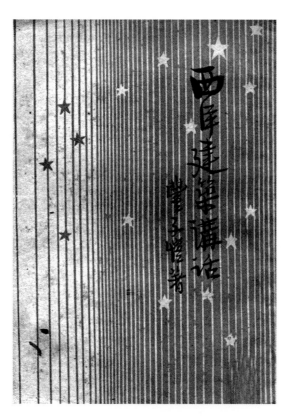

丰子恺《西洋建筑讲话》书影（开明书店 1935 年版）

丰子恺在杭州与次女林先合影（约摄于 1936 年）

丰子恺为《谈风》杂志所作的封面图

丰子恺（前排右一）在石门丰同裕染坊门前（约摄于 1937 年初）

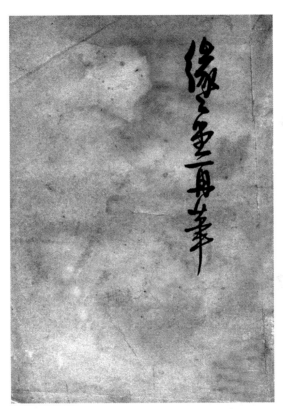

丰子恺《缘缘堂再笔》书影（开明书店 1937 年版）

丰子恺与幼女一吟在缘缘堂前院合影（约摄于 1937 年初）

丰子恺《少年美术故事》书影（开明书店 1937 年版）

丰子恺在缘缘堂二楼书房作画（摄于 1937 年春）

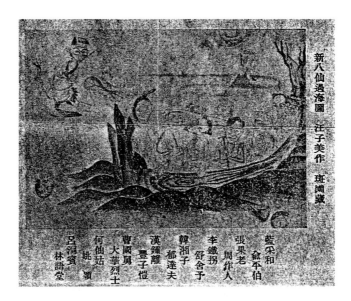

刊于 1937 年 4 月 20 日《逸经》第 28 期的《新八仙过海图》（汪子美绘），丰子恺被列为"汉钟离"。"新八仙"指经常在《论语》杂志上发表文章且影响甚大的八位作家

丰子恺（右）在南京火车站与长子华瞻（左）、友人张善孖（中）合影（摄于 1937 年春）

丰子恺组画一例

丰子恺在汉口留影（摄于 1938 年 5 月）

丰子恺抗战漫画选

　　丰子恺(后排左一)与亲友在汉口杨森别墅参观中国制片厂时合影。前排左一为二女丰林先,前排左二为长女丰陈宝。前排左三为莫志恒之妻,前排左四为莫志恒,前排左五为傅彬然(摄于 1938 年 5 月 23 日)

1938年丰子恺出资在桂林开设崇德书店。此为崇德书店开幕时同人与丰子恺子女合影。前排左四为章桂,前排右一为丰一吟,后排左一为丰元草,后排左二为丰宁欣,后排左三为丰陈宝,后排左四为丰林先,后排右一为丰华瞻

丰子恺像（摄于抗战时期武汉）

丰子恺题刊名的《抗战文艺》

丰子恺在桂林着戎装留影（摄于 1938 年）

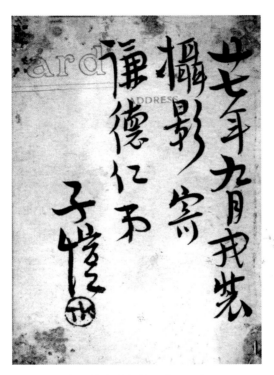

丰子恺在着戎装照背面题字

　　丰子恺（右二）在桂林两江与傅彬然父子（左二、左一）及贾祖璋（右一）合影（摄于 1938 年 9 月）

丰子恺广西漫画选

丰子恺与幼女一吟在重庆沙坪坝合影(摄于 1944 年夏)

　　重庆中央信托局印刷处 1944 年印刷之军邮。
该军邮图案由丰子恺绘作,为抗战时唯一的军邮。
票面无面值,发行时每枚售价 2 元,1947 年 7 月 1 日
起调整为每枚 500 元,以后售价亦曾多次上调

丰子恺在重庆沙坪坝与友人夏宗禹（右）合影（摄于 1945 年春）

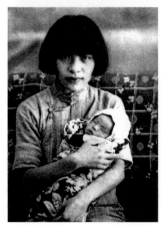

上图：丰子恺七子女在重庆合影。前排左起：丰新枚、丰元草、丰华瞻；后排左起：丰宁欣、丰一吟、丰陈宝、丰林先（约摄于 1944 年）；下图左为丰宁欣抱刚出生不久的丰新枚；下图右为丰新枚（左）与邻居蔡佩贞合影

丰子恺（前排右十）在重庆与陈之佛（前排右八）、傅抱石（前排右九）等合影（约摄于1942年）

丰子恺抵重庆时曾借住过的风生书店

　　丰子恺(中坐者)与家人等在上海。前排:左二为女婿宋慕法,前戴帽者为外孙宋菲君,丰子恺前为幼子新枚;左四为妻徐力民;右一为胞姐丰满;后排:左一为次女林先,左二为幼女一吟,左三为长子华瞻,左四为次子元草,右二为长女陈宝,右一为三女宁欣(摄于 1946 年 4 月)

丰子恺漫画《一人出亡十人归——复员相之一》

丰子恺在上海大新公司开画展时留影(摄于 1946 年秋)

丰子恺漫画《卅四年八月十日之夜》

丰子恺（中）在上海大新公司开画展前布置展品（摄于 1946 年秋）

抗战胜利后丰子恺漫画二例

丰子恺（右）在上海大新公司开画展时与友人李尊庸合影（摄于 1946 年秋）

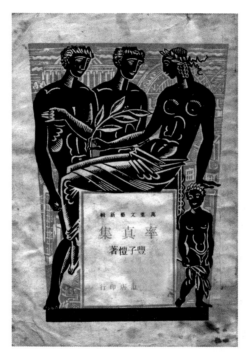

丰子恺《率真集》书影（万叶书店 1946 年版）

丰子恺（中）与钱君匋（右）、幼女一吟在西湖边合影（摄于 1946 年）

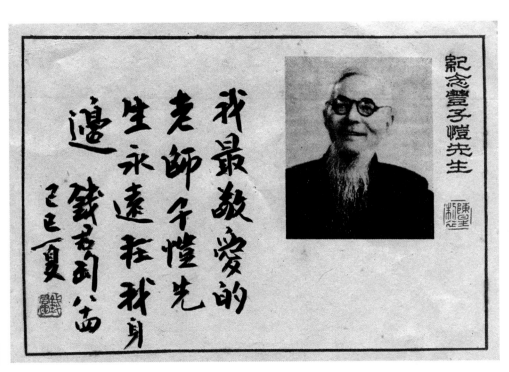

钱君匋纪念丰子恺题字

丰子恺像（约摄于 1947 年）

东方书社于 1947 年 1 月出版的张默生著《异行传》封面由丰子恺所绘

丰子恺在杭州里西湖寓所旁(《大公报》记者王文西摄于 1947 年秋)

上图：丰子恺于1947年至1948年住过的杭州静江路85号平屋；下图：静江路85号门外景（王文西摄于1947年秋）

丰子恺像

丰子恺漫画《稚子牵衣问,归家何太迟。共谁争岁月,赢得鬓边丝——复员期》

丰子恺在杭州虎跑与宽愿法师（右）合影（摄于 1947 年 2 月 5 日）

丰子恺《又生画集》书影(开明书店 1947 年版)

　　丰子恺(后排左一)携家属在杭州招贤寺与招贤寺法师等合影。前排左一为幼子新枚,前排左二为胞姐梦忍,前排右一为长女陈宝,后排右一为幼女一吟,后排右二为妻力民(摄于 1947 年)

丰子恺为《自由谈》杂志所绘封面一例

丰子恺(右一)携胞姐梦忍(左一)在杭州招贤寺与弘伞法师(右二)等合影(摄于 1947 年)

丰子恺《音乐十课》书影（万叶书店 1947 年版）

丰子恺(右一)在上海梅寓与梅兰芳(右二)、郎静山(左二)及记者陈警瞶(左一)合影(摄于1947 年)

丰子恺《猫叫一声》书影（万叶书店 1947 年版）

　　丰子恺（右一）与友人陈之佛（中）、黄涵秋（左）在杭州湖畔小
屋合影（约摄于 1947 年）

丰子恺《博士见鬼》书影(儿童书局 1948 年版)

丰子恺（右）与友人舒国华在杭州合影（摄于
1947 年）

舒国华先生逝世时丰子恺题
"诗艺长存"

丰子恺（中）与三姐丰满（左）、妹雪雪（右）在杭州西湖边合影（约摄于 1947 年）

丰子恺岳母（右）与丰妻徐力民（左）、长女丰陈宝（后）合影（摄于 1941 年）

丰子恺（左三）携长女陈宝（右一）、次婿宋慕法（左一）与梅兰芳（左二）合影（摄于 1948 年）

梅兰芳蓄须明志照。丰子恺曾撰文予以赞美

丰子恺（中）携幼女一吟（右）访梅兰芳（左）时合影（摄于 1948 年）

神光離合 乍陰乍陽 陳軿飄忽 若將飛而未翔

一吟飾洛神

丁酉七巧 子愷題

為愛西皮與二黃 且施粉墨暫登場 時人不識余心樂 將謂偷閒學阮郎

戲題一吟鳳逐梁偷觀攝影

甲子春子愷

丰子恺幼女一吟亦为梅兰芳戏迷并酷爱京剧。此为丰一吟的京剧扮像

丰子恺（后排右一）参观上海夏声戏剧学校（摄于 1948 年）

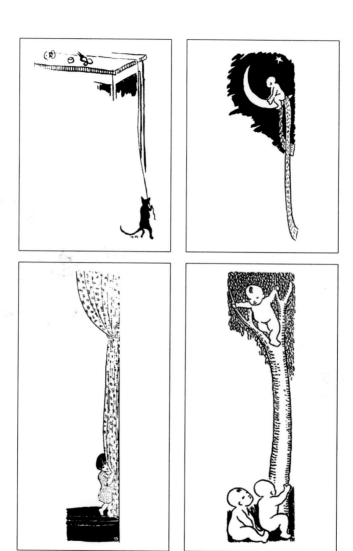

丰子恺插图选

丰子恺（演讲者）在上海夏声戏剧学校演讲（摄于 1948 年）

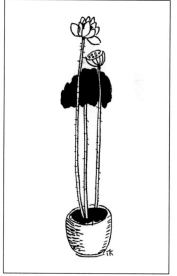

丰子恺插图选

丰子恺(中着长衫者)在上海夏声戏剧学校(摄于 1948 年)

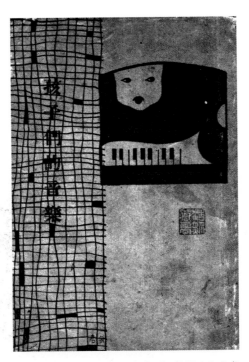

丰子恺译《孩子们的音乐》书影（开明书店 1927 年版）

　　丰子恺(后排左三)一家迁入湖畔小屋时合影。前排左一为丰
陈宝,前排中为胞姐丰满,前排右一为丰一吟,后排右二为丰宁欣
(摄于 1948 年)

丰子恺警世漫画选

丰子恺与家人在湖畔小屋合影。前排左起：丰满、丰新枚、丰华瞻、宋菲君等；后排左起：丰宁欣、丰一吟、丰元草、丰子恺、丰陈宝、徐力民、丰林先（怀中为宋雪君）（摄于1948年）

丰子恺《西洋音乐知识》书影(开明书店 1949 年版)

丰子恺(左)在湖畔小屋与章锡琛合影(摄于 1948 年)

丰子恺编写的《前尘影事集》书影
（康乐书店 1949 年版）

丰子恺(左)在湖畔小屋与章锡琛对饮(摄于 1948 年)

丰子恺插图一例

丰子恺(左)与幼子新枚在杭州城隍山上(摄于 1948 年)

丰子恺幼子新枚（左一）童年时与此后成为其妻子的沈纶（左二）、小朋友三芳（左三）、宋菲君合影（丰一吟摄于1947年）

　　丰子恺（右）与幼子新枚（中）及友人陶载良在杭州西湖船内
（摄于 1948 年）

丰子恺漫画《都市之秋》

丰子恺与家人在杭州钱塘江大桥前合影。左起：徐力民、力民妹徐警民、丰宁欣、丰满、丰新枚、丰陈宝、丰子恺

《丰子恺画存》书影（民国日报社 1948 年版）

丰子恺与家人及亲戚等在杭州合影。前排右一为丰一吟,右二为丰子恺,右三为丰宁欣,右四为徐力民

丰子恺《画中有诗》书影（文光书店 1943 年版）

丰子恺（右）与友人在杭州招贤寺合影（约摄于 1947 年）

丰子恺漫画《折得荷花浑忘却，空将荷叶盖头归》

丰子恺（右）与友人在杭州西湖畔合影（约摄于 1947 年）

丰子恺漫画《春日游，杏花吹满头》

丰子恺（左二）与妻徐力民（左三）、幼子新枚（前坐者）及外甥女夫妇和陶载良（左一）在杭州三潭印月

丰子恺漫画《会议》

丰子恺（右二）与妻徐力民（右一）、幼子新枚（前立者）及外甥女夫妇和陶载良（右三）在杭州三潭印月

丰子恺漫画《满山红叶女郎樵》

丰子恺(左一)与幼子新枚(中)和陶载良(右一)
在杭州三潭印月

丰子恺《小说月报》装饰画

丰子恺（右）与友人在杭州湖畔小屋前合影（约摄于1947年）

丰子恺漫画《烟中三昧》

丰子恺（右）在赴台湾的太平轮上（摄于 1948 年
9 月 22 日）

丰子恺漫画《听诊》

丰子恺（右）在台湾草山与幼女一吟合影（摄于 1948 年 10 月）

丰一吟仿丰子恺漫画四例

丰子恺（右）在台湾草山与章锡琛对饮（摄于 1948 年 10 月）

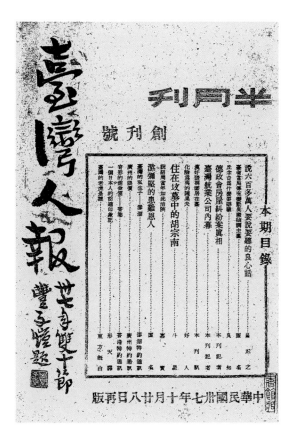

丰子恺在台湾时为《台湾人报》创刊号题报头

丰子恺（右二）在台湾草山与章锡琛（右一）及其家属（摄于 1948 年 10 月）

丰子恺台湾漫画一例

丰子恺（右）与幼女一吟在台湾阿里山观日出（摄于 1948 年 11 月）

丰子恺台湾漫画一例

丰子恺(左一)和幼女一吟(左二)与刘甫琴夫妇及子在台湾阿里山观日出(摄于 1948 年 11 月)

丰子恺台湾漫画一例

　　丰子恺（前排左一）携幼女一吟（后排中）及章锡琛（前排右二）、章锡琛之妻（前排右三）、章锡琛之女（后排左一）等在台湾日月潭与高山族二公主（前排左三）合影（摄于 1948 年 11 月）

丰子恺台湾漫画一例

丰子恺（右）携幼女一吟（左）在台湾与高山族二公主（中）合影
（摄于1948年11月）

丰子恺台湾漫画一例

丰子恺(左)在厦门南普陀后山与广洽法师合影(摄于 1948 年 11 月)

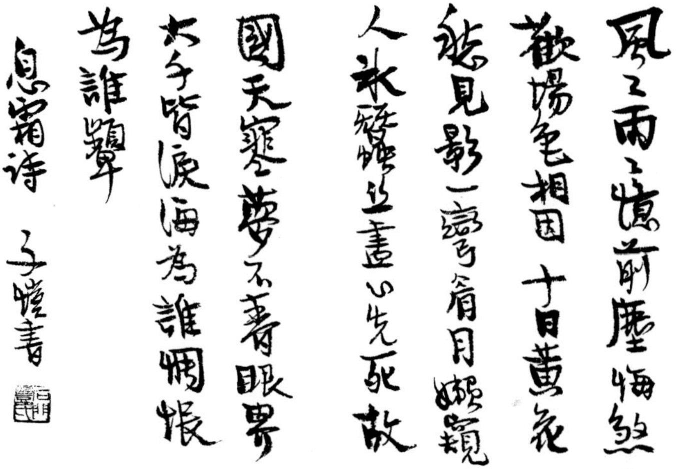
風風雨雨憶前塵悔煞
歡場色相因 十日黃花
愁見影一彎眉月懶窺
人冰蠶絲盡心先死故
國天寒夢不春眼界
大千皆淚海為誰惆悵
為誰顰
息霜詩 子愷書

丰子恺书李叔同诗

丰子恺（前排左二）在厦门南普陀与广洽法师（前排左三）等合影。右一坐者为丰一吟，身后坐者为黎丁夫人，后排右一为黎丁（摄于 1948 年 11 月）

196

丰子恺绘佛像

　　丰子恺(立者左三)在厦门南普陀与广洽法师(立者左四)等合影。立者右一为丰一吟,立者右二为黎丁夫人,立者右三为黎丁(摄于 1948 年 11 月)

丰子恺绘佛

丰子恺（前排右三）在福建。右二为丰一吟，右四为黎丁

弘一大师（前排左四）与佛教养正院同学会成员合影

丰子恺坐在福建泉州弘一大师生西床上留影
（摄于 1948 年 12 月）

丰子恺绘《今日我来师已去，摩挲杨柳立多时》

丰子恺(中)与黎丁(左)及幼女一吟在泉州弘一大师
最后讲经处留影(摄于 1948 年 12 月)

弘一大師遺象

先師弘一大師住世之日與閩僧廣洽法師緣誼最深曾約余來閩初見
以緣慳未果戊子之冬余從臺灣來廈門通廣洽法師示田畝嘉城遊閩南相見甚歡而
大師已於五年前往生西方余見廣洽如見
大師睟然寫　大師遺象贈　廣洽師即請於
星洲薝蔔院供養以志永恆之追思
豐子愷客廈門

丰子恺绘《弘一大师遗像》

丰子恺(左)在泉州弘一大师最后讲经处(摄于
1948 年 12 月)

丰子恺为《海潮音》杂志所作的封面图

丰子恺像(1949 年元旦摄于厦门)

廣洽法師 惠存

世八年元旦 豐子愷 敬贈

丰子恺将此照题赠广洽法师

　　丰子恺(右)携幼子新枚(中)在厦门古城西路丰
寓与广洽法师合影(摄于 1949 年初)

徐力民（坐者）与子女在厦门。左一为丰新枚，左二为丰元草，左三为丰一吟，左四为丰陈宝

丰子恺(左)在厦门古城西路丰寓与幼女一吟在
一起(摄于 1949 年初)

丰子恺绘赠广洽法师的佛像

215

丰子恺(右)为请叶恭绰居士题《护生画三集》诗文在香港拜访叶恭绰时与之合影(摄于 1949 年)

《护生画三集》书影(大法轮书局 1950 年版)

丰子恺(左)在香港与岭南艺人黄般若合影(摄于 1949 年)

豐子愷畫展
在九龍塔正中學再開

中國現代畫家豐子愷教授，最近蒞同大批作品由滬抵港，經於本月十五，十六及十九，二十日先後在聖約翰禮拜堂及思豪大酒店公開舉行畫展，連日往觀者甚眾。現聞培正中學為提高學生美術興趣，並便利九龍區各界人士欣賞豐教授作品計，特約請還教授於本月廿一，廿二兩日假座該校圖書館公開舉行畫展，屆時報日上午九時至下午六時半，歡迎九龍各界人士前往參觀云。

（豐子愷，與嶺南畫人黃般若合影）

香港报纸对丰子恺香港画展的报道

丰子恺立像

雀巢可俯而窥

丰子恺护生画《雀巢可俯而窥》

丰子恺像（摄于 1949 年）

丰子恺像（摄于 1950 年）

丰子恺（前排右一）家庭照。前排左一为妻力民，前排中为丰新枚；后排左一为丰一吟，后排左二丰华瞻，后排左三为丰陈宝，后排右一为丰元草

　　丰子恺（中坐者）于新中国成立之初在上海复兴公园参加文艺界举行的劳军义卖活动

上：丰子恺与家人在上海外滩公园。左起：徐力民、徐警民（力民之妹）、丰子恺、丰新枚、杨民望（长婿）、丰华瞻（前为宋菲君）、丰陈宝、沈国驰（警民之女）（摄于1951年）；下左：丰子恺在上海襄阳公园（摄于1951年）；下右：丰子恺与妻力民在上海外滩公园（摄于1951年）

226

　　丰子恺(右一)与妻力民(右三)、次子元草(左一)、幼女一吟(右二)在上海中山公园(均摄于 1953 年)

　　丰子恺(左)与妻力民(右)及次子元草(中)在上海中山公园(摄于 1953 年)

左图：丰子恺（左）与妻力民（中）、次子元草在上海中山公园；
右图：丰子恺（左）与妻力民（右）、次子元草在上海中山公园（均摄于 1953 年）

　　丰子恺(右)与妻力民(左)、次子元草(中)在上海中山公园看
动物(摄于 1953 年)

丰子恺（右）与幼女一吟的俄文老师在上海江湾镇吃饭（中为幼子新枚）

丰子恺（右）及妻力民（左）与俄文老师在上海江湾镇

　　丰子恺（左一）携妻力民（右一）、幼女一吟（左二）与俄文老师在上海江湾镇

丰子恺（左一）携妻力民（前左）、幼女一吟（前右）、幼子新枚（后站立者）与俄文老师在上海江湾镇

丰子恺(中坐者)与家人亲友在杭州参加虎跑弘一大师石塔石路奠基纪念仪式后合影。左一起：丰宁欣、王维贤、宋菲君、丰满；左六起：宽愿法师、钱君匋、钱君匋之妻、黄鸣祥，右前坐者为周天初(摄于1953年)

丰子恺（后排左二）与家人亲友等在杭州虎跑合影（摄于 1953 年）

丰子恺（左三，身前为外孙宋菲君）与钱君匋（左二）、马公愚（左四）等合影

弘一法师之塔落成典礼 一九五四年一月十日钱君匋题

　　丰子恺（前排左四）与众同仁在杭州虎跑参加弘一大师之塔落成典礼时合影。丰子恺右前为钱君匋，右为马一浮，马一浮左后为堵申甫，前排右四为宽愿法师（摄于 1954 年 1 月 10 日）

丰子恺(右二)与郑晓沧(左二)、黄鸣祥(左一)、丰一吟(右一)在杭州花港观鱼

丰子恺(左一)与丰满(右一)、丰一吟(中)在杭州西湖游船内

丰子恺像(摄于 1954 年)

丰子恺像

丰子恺与着《凤还巢》戏装的幼女一吟合影（摄于 1954 年）

丰子恺全家照。前排左起：丰林先、徐力民、丰子恺、丰陈宝；后排左起：丰华瞻、丰新枚、丰元草、丰一吟（摄于 1954 年）

丰子恺与家人在杭州玉泉留影。站者左起：丰新枚、戚志蓉（长媳）、宋菲君、丰子恺。坐者为丰宁欣（摄于 1954 年）

丰子恺与家人在杭州黄龙洞留影。左起：戚志蓉、丰宁
欣、宋菲君、丰子恺；前立台阶下者为丰新枚（摄于 1954 年）

丰子恺与家人在南京。左起：宋菲君、徐力民、丰华瞻、丰子恺、丰一吟（摄于 1954 年）

　　丰子恺与家人在南京秦淮河。左起：丰华瞻、徐力民、丰子恺、宋菲君、丰新枚(摄于 1954 年)

丰子恺与家人在前往中山陵的马车中。左一：丰子恺，中后：丰华瞻，右一：丰新枚（摄于 1954 年）

丰子恺与家人在南京中山陵。左起：丰一吟、丰新枚、丰华瞻、徐力民、丰子恺、宋菲君（摄于 1954 年）

丰子恺与家人在南京明孝陵前。左起：丰新枚、宋菲君、丰华瞻、丰子恺、徐力民（摄于 1954 年）

丰子恺与家人在无锡渔庄假山上。左起：丰子恺、丰一吟、丰华瞻、宋菲君（摄于 1954 年）

左图：丰子恺（站立者）与家人在无锡惠山茶室内；右图：丰子恺在无锡鼋头渚太湖边绞手巾（约摄于 1954 年）

丰子恺（左）与幼女一吟
在镇江合影（摄于 1954 年）

　　丰子恺（右）与妻徐力民在日月楼前合影。时徐力民 60 大寿
（摄于 1955 年）

丰子恺（右一）与徐力民（右二）及妻妹（右三、四）合影。时妻力民 60 大寿（摄于 1955 年）

丰子恺（三排右二）与家人合影。时妻力民 60 大寿（摄于 1955 年）

丰子恺(三排右二)与家人合影。时妻力民 60 大寿(摄于 1955 年)

丰子恺在莫干山芦花荡公园(摄于 1955 年)

左上：丰子恺（左一）与家人妻妹等在莫干山旅馆；右上：丰子恺（立于石阶者右）与家人妻妹等在莫干山旅馆；左下：丰子恺（左二）与家人在莫干山天桥上；右下：丰子恺（左四）与家人在莫干山芦花荡公园（均摄于1955年）

丰子恺与家人在莫干山塔山。左攀高者为丰一吟，另左起：丰新枚、戚志蓉、王维贤（三婿）、宋菲君、丰宁欣、徐力民、丰子恺（摄于1955年）

上：丰子恺与家人在莫干山。左起：戚志蓉、徐力民、丰子恺、宋菲君、丰新枚；下：丰子恺与家人在莫干山。左起：徐力民、戚志蓉、丰新枚、宋菲君、丰子恺（均摄于 1955 年）

丰子恺(左)在去庐山旅游时与同舱人在船上(摄于 1956 年)

丰子恺（左）与妻力民在庐山涧水边（摄于 1956 年）

丰子恺与幼女一吟在日月楼合译柯罗连科小说
（摄于 1956 年）

丰子恺在日月楼翻译

丰子恺（右）与幼女一吟在日月楼合作翻译

丰子恺（左三）与葛祖兰（左四）、内山完造（左五）等在上海万国公墓
（摄于1956年）

60 大寿时的丰子恺像(摄于 1957 年)